Début d'une série de documents en couleur

NOTE

SUR DES

PIÈCES DE MONNAIES MÉROVINGIENNES

INTÉRESSANT LE POITOU

Par M. Th. DUCROCQ

PROFESSEUR A LA FACULTÉ DE DROIT DE PARIS
CORRESPONDANT DE L'INSTITUT, DOYEN HONORAIRE DE LA FACULTÉ DE POITIERS
ANCIEN PRÉSIDENT DE LA SOCIÉTÉ DES ANTIQUAIRES DE L'OUEST

POITIERS
IMPRIMERIE BLAIS, ROY ET Cⁱᵉ
7, RUE VICTOR-HUGO

1890

OUVRAGES DU MÊME AUTEUR

Cours de droit administratif, contenant l'exposé et le commentaire de la législation administrative dans son dernier état, avec la reproduction des principaux textes dans un ordre méthodique; 2 très forts volumes in-8°, 6e édition ; 1881.

Traités des édifices publics d'après la législation civile, administrative et criminelle ; des ventes domaniales avant et depuis la loi du 1er juin 1864, qui règle l'aliénation des biens du domaine de l'État; des partages de biens communaux et sectionnaires; 1 volume in-8°, avec tables générales, et l'éloge de Foucart; 1865.

Des Églises et autres édifices du culte ; 1866.

Études sur la loi municipale du 5 avril 1884 ; 1 volume in-8° ; 1886.

Études de droit public ; 1 volume in-8° ; 1887.

Études d'histoire financière et monétaire; 1 volume in-8°; 1887.

La Loi du 30 mars 1887 et les Décrets du 3 janvier 1889 sur la conservation des monuments et objets mobiliers présentant un intérêt national au point de vue de l'histoire ou de l'art ; 1889.

La réforme de la Licence en droit; 1889.

La statistique des libéralités aux personnes morales et les améliorations dont elle est susceptible ; 1889.

Un nouveau progrès à réaliser dans la statistique des libéralités aux établissements publics et d'utilité publique; 1890.

La Nationalité au point de vue du dénombrement de la population dans chaque pays et de la loi française du 26 juin 1889; — 1890.

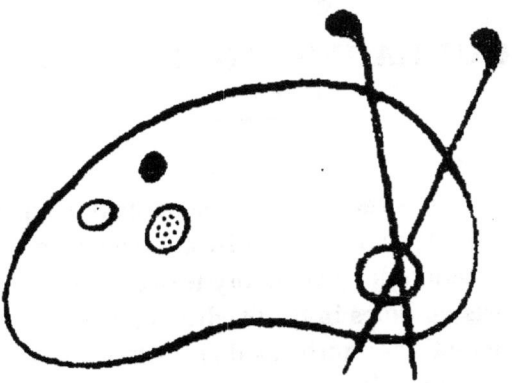

Fin d'une série de documents
en couleur

NOTE

SUR

DES PIÈCES DE MONNAIES MÉROVINGIENNES
INTÉRESSANT LE POITOU

Le lundi 9 juin 1890 et les trois jours suivants, il a été vendu à Paris, à l'hôtel des ventes de la rue Drouot, une partie considérable de l'admirable collection de monnaies mérovingiennes de M. le vicomte de Ponton d'Amécourt.

Cette collection avait eu à l'Exposition universelle de 1878 au Trocadéro, avec celle des *aurei* romains du même collectionneur, un immense succès. Mais tandis que la collection romaine n'avait que l'insigne honneur de rivaliser avec les grandes collections publiques du Cabinet de France, du British Muséum, du Musée de Vienne, etc., la collection de monnaies mérovingiennes de M. Ponton d'Amécourt n'avait aucune rivale dans le monde entier, même à la Bibliothèque Nationale de Paris.

L'intelligent et généreux collectionneur l'avait encore augmentée depuis l'exposition de 1878.

Ses collections de monnaies romaines et de monnaies carlovingiennes ont été successivement vendues à l'hôtel des commissaires priseurs. On y avait vu un énorme concours d'amateurs de tous les pays, les pièces les plus belles ou les plus rares adjugées à des prix énormes, et le Cabinet de France souvent en lutte avec les représentants des collections publiques de l'étranger.

Dès le mois de juin 1886, nous avons eu l'honneur d'adresser à la Société des Antiquaires de l'Ouest une note sur des pièces de la collection de monnaies carlovingiennes intéressant le Poitou(1), qu'elle a bien voulu faire insérer dans son Bulletin de cette époque, et que nous avons reproduite dans notre volume d'*Études d'histoire financière et monétaire*, pages 295 et suiv. (Oudin et Guillaumin, 1887).

M. de Ponton d'Amécourt est mort en 1888, et la masse du public ignorait ce qu'était devenue cette collection, unique au monde, de triens et de deniers mérovingiens qu'il avait conservée, et toutes ces richesses historiques et archéologiques sous la forme monétaire, à la réunion desquelles il avait consacré quarante années de sa vie.

L'Administration, non moins vigilante que savante, de la Bibliothèque Nationale, travaillait aux moyens d'assurer à la France, dans cette collection, tout ce qui manquait à son ancien fonds. Il fallait faire le choix, étudier d'une manière approfondie chaque pièce sur un ensemble de plus de deux mille monnaies mérovingiennes, conduire de délicates négociations avec les héritiers propriétaires, obtenir l'assentiment des pouvoirs publics, et enfin la loi du 24 juillet 1889, qui a ouvert au Ministère de l'instruction publique le crédit nécessaire à cette patriotique acquisition. C'est en vertu de cette loi récente que l'État a pu acquérir 1131 pièces de la collection de monnaies mérovingiennes de M. le vicomte de Ponton d'Amécourt, au prix de 180,000 francs.

Désormais, la collection de monnaies mérovingiennes du Cabinet de France n'a plus à craindre de rivale. Tous les hommes de science et de cœur qui ont contribué à cette œuvre vraiment nationale ont droit à la reconnaissance du pays, et en particulier des amis de son histoire et de ses antiquités.

Le Poitou est richement représenté dans cette collection de monnaies mérovingiennes du Cabinet de France, complétée et agrandie par l'adjonction à l'ancien fonds des 1181 pièces acquises des héritiers de M. de Ponton d'Amécourt. Le Cabinet a pris le soin légitime de ne laisser, dans la partie dont il ne faisait pas l'acquisition, au-

---

(1) Depuis cette époque la première de ces pièces, de Pépin le Bref et de Sainte-Croix de Poitiers (n° 181 du catalogue des monnaies carlovingiennes de M. Ponton d'Amécourt), est entrée dans notre collection.

cune pièce dont il ne possédât pas lui-même un bel exemplaire. Cette règle a été suivie pour le Poitou comme pour les autres régions de la France. Il ne saurait m'appartenir d'entretenir la Société des Antiquaires de l'Ouest des pièces mérovingiennes intéressant le Poitou possédées ainsi, soit à titre nouveau, soit à titre ancien, par la Bibliothèque Nationale. Des catalogues sont du reste en cours d'impression : en ce qui concerne le fonds Morel Fatio, par les soins de M. Chabouillet, ancien conservateur, qui l'avait commencé avant d'être atteint par la retraite, et qui a joué un grand rôle dans toutes ces négociations ; et pour l'ancien fonds et les 1131 pièces acquises de la collection de Ponton d'Amécourt, par M. Prou, du Cabinet de France, l'un des savants collaborateurs du nouveau conservateur, M. Henri Lavoix, que Poitiers a connu, qui n'a pas oublié le Poitou pendant ses longs et remarquables services au Cabinet des médailles, et que des Poitevins s'honorent d'avoir pour ami.

Ainsi, la collection de monnaies mérovingiennes de M. de Ponton d'Amécourt s'est trouvée divisée en deux fractions : la première préalablement achetée par le Cabinet de France en vertu de la loi du 24 juillet 1889, et la seconde, qui a fait l'objet de la vente publique qui vient d'être réalisée.

Cette division de la collection, faite à la demande du Cabinet de France, explique comment la vente des monnaies mérovingiennes, effectuée à l'hôtel des commissaires-priseurs les 9, 10, 11 et 12 juin 1890, se produisait dans des conditions très différentes de ce qui s'était passé pour les collections romaine et carlovingienne ; alors, l'État français avait dû lutter à la chaleur des enchères pour l'acquisition des pièces par lui désirées ; cette fois, au contraire, l'État n'était plus en cause ; la vente publique de a collection mérovingienne de Ponton d'Amécourt ne comprenait qu'une seconde partie de cette collection, la première ayant été préalablement achetée par l'État.

Il en est résulté des luttes moins vives sur l'ensemble, et des circonstances plus favorables pour les amateurs. Le catalogue de la vente contenait d'ailleurs 800 articles, représentant plus d'un millier de pièces ; divers articles réunissaient en effet deux, trois pièces et même davantage, principalement pour celles d'une lecture impossible ou très douteuse. Cette seconde partie de la collection, bien qu'inférieure à la première, était donc encore très considérable par son importance, sa valeur, et le nombre des pièces qui la composaient.

Cette masse de monnaies mérovingiennes offerte du même coup aux numismatistes, sans la concurrence du Cabinet de France qui ne suivait la vente qu'en spectateur désintéressé de toute pensée ni tentative d'acquisition, offrait aux amateurs de chaque région une occasion bien difficile à retrouver désormais. Un vieil ami du Poitou ne pouvait manquer d'en profiter en ce qui concerne les monnaies mérovingiennes de notre région.

Du reste, toutes les parties de la Gaule étaient représentées dans les 800 numéros de ce catalogue. Il semble, contrairement à ce que faisait M. de Ponton d'Amécourt, qu'il n'y ait plus guère de collectionneurs particuliers recherchant l'ensemble des monnaies mérovingiennes sur une grande échelle. D'autre part, le caractère tant soit peu barbare du monnayage mérovingien, si curieux cependant, ne sollicite guère la mode actuelle des bijoux en monnaies anciennes, qui a fait hausser les prix dans une proportion considérable sur d'autres branches de la numismatique. L'ensemble des circonstances était donc propice aux amateurs allant chacun, sans se nuire, dans une direction différente, bien qu'avec la concurrence générale des habiles experts MM. Feuardent et Rollin, d'autres négociants peu nombreux et de leurs commissions.

Parfois, cependant, les convoitises se réunissaient sur certaines pièces et l'on voyait les enchères atteindre des prix très élevés. Nous ne citons qu'à titre d'exemple, dans les diverses parties de la France, le n° 487 du catalogue, un tiers de sol d'or de Dagobert, portant au revers REX DEVS, frappé à Uzès, adjugé à 410 francs; un Théodebert I*er*, frappé à Andernach (n° 256 du catalogue), adjugé à 322 francs; un autre Théodebert (n° 254 du catalogue), frappé à Cologne (COL-V), adjugé à 860 ; et un Childéric II (n° 345 du catalogue), frappé à Marseille (MASSILIA), adjugé à 900 francs. Ces deux dernières pièces, très belles, sont des sols d'or pesant chacun 4 grammes 20.

Ces grands prix, et la plupart de ces localités, nous éloignent du Poitou. Nous ne les avons cités que pour donner une idée générale de cette seconde moitié de la collection mérovingienne de M. de Ponton d'Amécourt, représentant encore le monnayage mérovingien dans son ensemble, toutes les régions, et un nombre indéfini de monétaires. Les tiers de sols d'or y dominaient; les deniers d'argent n'y étaient pas très nombreux; et les pièces de cuivre excessivement rares.

On y voit bien aussi ce qui constitue l'un des caractères distinctifs du monnayage mérovingien, l'extrême multiplicité des ateliers monétaires. Ce n'est pas qu'ils aient tous été simultanément en activité; beaucoup ne l'ont été que successivement; et le nom du même monétaire se retrouve sur des monnaies frappées dans des parties du pays très éloignées les unes des autres; monétaires voyageurs, comme l'atelier et son matériel primitif et simple, voyageurs comme la puissance publique elle-même.

Cette seconde portion, soumise aux enchères, de la collection mérovingienne de M. de Ponton d'Amécourt, montrait bien cette extrême variété de provenance monétaire, dans toutes les régions, et dans des localités nombreuses de chaque région.

En ce qui concerne le Poitou, des monnaies mérovingiennes de Poitiers (4 pièces), Curçay (1 pièce), Melle (4), Brioux (2), Ardin (1), Theodeberciacum, c'est-à-dire Thiversay, commune de Fontenay-le-Comte (1 pièce), Thiré ou plutôt Gué de Trizay sur le Lay (2), Corovio (1), sont maintenant dans des mains poitevines. Il en est de même d'une importante série (7 pièces) de Javouls et de Banassac en Gévaudan (Lozère), et de quelques pièces de Bordeaux, d'Auch, de Narbonne, de Marseille, de Clermont, de Paris, etc.

Nous donnons, d'après le catalogue rectifié, la détermination exacte de ces pièces, en commençant par les quatre seules pièces de Poitiers comprises dans la vente et que l'on ne pouvait laisser échapper, bien qu'elles ne soient pas les plus belles de cette petite collection. Nous les faisons suivre des autres pièces appartenant au Poitou par leur atelier d'émission. Ce n'est qu'à la suite, et à titre accessoire, que nous indiquerons les pièces provenant de la même vente appartenant aux autres régions qui viennent d'être mentionnées. Ainsi vont se diviser en deux parties distinctes, pièces poitevines, et pièces de régions différentes, nos pièces mérovingiennes provenant de la collection de Ponton d'Amécourt. Nous allons les décrire successivement d'après le catalogue rectifié. Dans un troisième paragraphe nous donnerons la détermination de trois pièces de la collection de Ponton d'Amécourt qui ont pris une autre direction.

I

MONNAIES MÉROVINGIENNES, PROVENANT DE LA COLLECTION DE M. DE PONTON D'AMÉCOURT, APPARTENANT AU POITOU.

POITIERS.

447. — PICTA CIV. Croix grecque dans un grènetis.
ɌSans type. Cependant les reliefs de cette pièce affectent la forme d'une croix. ARGENT. Picte. 0 gr. 55.

448. Illisible. Gros globules dans un cercle de grènetis.
ɌSans type. ARGENT. Picte. 0 gr. 50.

449. Illisible. Gros globules au milieu d'un grènetis.
ɌPentagramme. ARGENT. denier.

450. .... CIVI. Tête diadémée à droite.
ɌODILLA. Croix sur un manche vertical. ARGENT. denier.

CURÇAY (1)

454. + CVR + CIACO VI. Buste à double diadème, barbu, cintré et échelonné, sous l'étoile de la légende, à droite.
Ɍ+ FEDEGIVS MO. Croix latine cantonnée de quatre étoiles sur un degré perlé. (*Fedegius monétaire.*) OR. Tiers de sol, 1 gr. 40. Très belle.

MEDOIUS VILLA

456. NONNO MONE. Buste diadémé à droite.
Ɍ+ MEDOIO VILLA. Croix latine accostée de deux globules sur un degré, au-dessus de la croisette initiale. (*Nonnus monétaire.*) OR. Tiers de sol, 1 gr. 10.

MELLE

457. Monogr. de ME rétrograde, sous une croix grecque et accompagnée de cinq globules.
ɌMonogr. de NATE rétrograde accompagné de deux globules, dans un grènetis. ARGENT; denier, 1 gr. 30.

(1) Arrondissement de Loudun, canton des Trois-Moutiers (Vienne).

458. Monogramme de ME sous un O.

℞ VE rétrograde. ARGENT; denier, 0 gr. 95.

596. MEDU (*lo vico*). Tête fruste à gauche.

℞ Croix grecque accostée de deux pointes dans le bas; légende du revers illisible. OR. Tiers de sol.

BRIOUX (1)

453. Buste diadémé à gauche, élevant la main ouverte ?

℞ Croix grecque dont le centre est un anneau contenant un globule et dont les quatre bras sont fendus en fourche. Un globule dans chacun des quatre cantons. ARGENT; denier, 1 gr. 20. Belle.

563. Illisible, mais présentant le bas des lettres BRIOSSO VICO. Tête à droite.

℞ CHAD.... O (*Chadulfo monétaire*). Croix cantonnée de douze points. OR. Triens.

ARDIN (2)

560. AREDVNO VICO. Buste à gauche.

℞ FANDELENVS. Enseigne militaire entre deux palmes (Ardin). Or pâle. Triens.

THEODEBERCIACUM

460. EODEBRCIACO. Buste de face hérissé et dont les oreilles ressemblent à deux anneaux.

℞ + SPECTATVS MONETA. Monogramme formé de NO dans un filet circulaire uni. (*Spectatus monétaire.*) OR; tiers de sol, 1 gr. 15.

L'attribution des pièces de *Theodeberciacum* à Thénesay, faubourg de Fontenay-le-Comte (Vendée), proposée par Benjamin Fillon, et appuyée par M. Maurice Prou, du Cabinet de France, dans la *Revue numismatique* (1886, pp. 203-217, planche XIII), doit être maintenant considérée comme démontrée et acquise à la science.

THIRÉ (3)

(Plus exactement le Gué de Trizay sur le Lay.)

460. + TIDIRICIACO. Buste diadémé à droite.

---

(1) Arrondissement de Melle, chef-lieu du canton de Brioux-sur-Boutonne (Deux-Sèvres).
(2) Arrondissement de Niort, canton de Coulonges-sur-l'Autize (Deux-Sèvres).
(3) Arrondissement de Fontenay-le-Comte, canton de Sainte-Hermine (Vendée).

℞ + CINSVLFVS. Croix latine sur la croisette initiale de la légende. (*Cinsulfus monétaire.*) Or ; tiers de sol, 1 gr. 10. Très belle.

470. TIDIRICIACO. Buste diadémé à droite.

℞ +·VVINTA MONET. Croix latine cantonnée de trois globules et accostée de CA, dans un diadème de perles. (*Winta monétaire.*) Or ; tiers de sol, 1 gr. Belle.

Le catalogue de la vente de M. de Ponton d'Amécourt attribue ces pièces à Thiré (Vendée). Elles sont bien de cette région, mais plus vraisemblablement du Gué de Trizay sur le Lay (Vendée), d'après la démonstration de cette attribution donnée récemment par M. Maurice Prou, du Cabinet de France, dans la *Revue numismatique.*

COROVIO

529. ACOROVIO. Buste à gauche.

℞ Illisible. Croix ancrée sur un globe, accostée de deux points. Or. Triens. Très belle.

La lecture de cette dernière pièce n'est pas certaine. Mais elle est de très belle conservation, d'un type très curieux, tant au droit qu'au revers, et appartient certainement à la région de l'Ouest, peut-être à une ancienne localité, soit du nord du département de la Vienne, soit plutôt de l'Anjou. Cette localité de Corovio est mentionnée dans Grégoire de Tours ; mais sa détermination exacte n'est pas encore établie. Le globe servant de base à la croix du revers est une particularité remarquable et rare dans le monnayage mérovingien.

D'autres triens classés au catalogue comme incertains ont pu être joints aux pièces précédentes, comme appartenant incontestablement à la région de l'Ouest, spécialement en raison de l'accostement de deux points des deux côtés du bas de la croix ancrée du revers, accostement qui est un des signes caractéristiques du monnayage mérovingien des provinces de l'Ouest. Plusieurs de ces pièces avaient été classées, sous les numéros 517, 591, 596 et autres, comme pièces illisibles, parfois groupées par trois ou quatre, dans des lots ordinairement très avantageux.

En outre des pièces poitevines, l'occasion était trop favorable pour ne pas y joindre quelques autres pièces, telles que les suivantes, appartenant à d'autres régions. On remarquera entre nos pièces du Sud-Ouest et celles de l'Auvergne notre importante série de sept pièces de Banassac en Gévaudan et Javouls sa capitale. Le type du calice à deux anses qui provoquait déjà d'ingénieuses explications de Le Blanc (*Traité historique des monnaies de France*, page 40), n'a pas cessé d'exciter l'intérêt et les recherches des amateurs et des savants (M. Prou, *Revue numismatique*, 1889, 3, page 53).

II

MONNAIES D'AUTRES RÉGIONS
BORDEAUX

444. BVRDEGALA. Tête à droite.

℞ MAVROLEN. Croix ancrée, sous la croisette initiale. (*Maurolinus monétaire.*) Or; tiers de sol, 1 gr. 34. Belle.

AUCH
ANASTASE

473. D. N. ANASTASIVS P. P. AVG. Buste diadémé à droite.

℞ VINORA ACONA. Victoire à droite, marchant, tenant une palme et une couronne, accompagnée dans le champ de l'initiale A. A l'exergue : CNO. Or; tiers de sol, 1 gr. 45.

NARBONNE
JUSTINIEN

481. DN IVSTINIANVS, P. P. AV., son buste à droite.

℞ VICTORIA AVCCC V. Victoire debout à droite, tenant une palme et une couronne. A sa droite, le *Monogramme de Narbonne*. A sa gauche, étoile. Or; tiers de sol, 1 gr. 45. Très belle.

JAVOULS (1)

411. GABALORVM. Buste diadémé à droite.

℞ — Calice surmonté d'une croix, accompagné de AV dans une couronne de feuillage. Or; tiers de sol, 1 gr. 25.

BANNACIACUM GALVALETANUM (BANASSAC en Gévaudan (2).
SIGEBERT ROI

427. Buste diadémé à droite; devant, une palme à cinq branches. La branche du milieu terminée par une croix.

---

(1) Javols, canton d'Aumont, arrondissement de Marvejols (Lozère).
(2) Banassac, canton de la Canourgue, arrondissement de Marvejols (Lozère).

℞ GAVALETANO. Calice sur un degré horizontal. A l'exergue : FIIT. Or; tiers de sol, 1 gr. 30. Belle.

428. Buste diadémé à droite; devant, une palme à cinq branches non terminée par une croix.

℞ Illisible. Croix latine potencée. Or.; tiers de sol, 1 gr. 20.

429. Buste diadémé à droite, entre deux palmes terminées au sommet par une croisette.

℞ GAVALETANO F. Calice sur un trait horizontal. A l'exergue : BAN. Or ; tiers de sol, 1 gr. 20. Belle.

436. Buste diadémé à droite. Devant le profil : + BAN.

℞ GAVALETANO. Même type varié. Or très pâle; tiers de sol, 1 gr. 05.

437. Buste diadémé à droite; devant le profil : + BA

℞ GAVALETANO. Calice sur un trait horizontal. Dans le champ, à gauche : I; à l'exergue : FIIT. Or pâle ou ar.; tiers de sol, 1 gr. 05.

438. Tête diadémée à droite; devant le profil, une croix.

℞ GAVALETANO. Calice sur un degré. A l'exergue : BVN (BAN). Cuivre, 0 gr. 75.

CLERMONT

572. RAMLACO. Tête à droite.

℞ VIONVCI? Personnage debout, tenant une croix. Or. Triens.

VIENNE

591. Pièce classée dans un lot de quatre monnaies illisibles, d'un type très curieux et de très belle conservation.

Tête diadémée à droite.

℞ Croix latine sur deux degrés dans un grènetis. Or. Triens.

MARSEILLE

359. Tête diadémée à droite; devant une croisette.

℞ N . dans un cercle de croisettes et de globules. Argent. Denier du patrice *Nemphidius*.

VALLÉE DE LA SAONE

547. VIESNTILS M + EDCI. Tête à droite.

℟ ΓITVR · ENSADE · EIT. Croix latine sur un degré dans un grènetis. Or pâle. Triens. Très belle.

FRANCHE-COMTÉ

581. GREDACA. Buste à droite, lauré, et les cheveux relevés. ℟ Croix sur un degré accostée dans le bas de S et II. Or. Triens.

PARIS

585. PARISIS E (pour F, *fit* ou même *fitur*, qui se rencontrent souvent dans le monnayage mérovingien). Buste diadémé à droite. ℟ ELIGIVS MVN. Croix ancrée. Or. Triens. Belle conservation.

On ne voit de la légende du revers que le bas des lettres du nom, mais très sûrement. Attribution certaine à *Saint-Éloi monétaire*.

A ce beau tiers de sol de Paris, du règne de Dagobert ou de celui de Clovis II, nous avons pu ajouter, après la vente publique, deux deniers d'argent de Paris, de la même provenance, et dont voici la description :

I. — Buste à gauche précédé d'une croisette, cheveux hérissés, le front et le nez affectant la forme très nette d'un grand P avec un point au milieu.
℟ Croix ancrée, dégénérescence d'un ω renversé, sur deux degrés, accostée de V - II.

II. — Buste à droite. Les cheveux marqués par deux rangs de perles, devant le visage une croisette.
℟ Croix ancrée sur un degré et accostée de V. II.

III

PIÈCES QUI ONT PRIS UNE AUTRE DIRECTION

Parmi les pièces poitevines assez peu nombreuses qui ont pris une autre direction dans la vente du mercredi 11 juin 1890, consacrée aux numéros 400 à 600 du catalogue, nous n'en voyons que deux dont la détermination doive être reproduite, un triens de Brioux, et un autre triens de Voultegon.

BRIOUX

452. BRIOSSO VICO. Buste diadémé à droite, cintré et échelonné.

℞ CHADULFO MO. Croix mixte à double chrisme, aux bras prolongés en triangles, soudée par un piédestal carré cintré d'un anneau, cantonnée de deux globules, aux 1re et 2e et de deux étoiles aux 3e et 4e. Or; tiers de sol, 1 gr. 25. B.

VOUTEGON (1)

471. + TEVDOMERE. Buste diadémé à droite, style casqué, parti de lignes obliques inclinées vers la ligne médiane.

℞ VVLTACONIO. Colonne sur une base accostée de deux étoiles. Or; tiers de sol, 1 gr. 40. T. B.

Bien que rien ne parût justifier une différence par rapport aux pièces indiquées ci-dessus, et spécialement par rapport au triens de Brioux, non reconnu au catalogue, du n° 563, décrit ci-dessus, ces deux tiers de sol ont atteint un plus haut prix d'adjudication. Le dernier s'est élevé jusqu'à 115 francs.

Il y avait aussi d'autres exemplaires des tiers de sol de Theodeberciacum et de Thiré. Nous ignorons s'ils ont repris le chemin de la Vendée, comme leurs similaires ci-dessus, celui de la Vienne.

Une autre pièce, assignée au Poitou par le catalogue, devait attirer tout particulièrement notre attention. Elle était décrite de la manière suivante :

LOUDUN

455. LVGΔVNO. Buste diadémé à droite.

℞ SEWDVLFVS. Croix mixte pattée sur deux degrés. (*Seudulfus monétaire.*) Or; tiers de sol, 1 gr. 40. Fruste.

Nous n'avons pas fait d'effort pour obtenir ce triens, très convaincu que nous étions que la légende *Lugduno* désignait Lyon, et non pas notre ville poitevine de Loudun. Il a été effectivement acquis pour un amateur de pièces lyonnaises, qui pensait comme nous. C'était aussi l'avis du Cabinet de France.

Lors même que Loudun, dans le voisinage de Curçay et de Corovio, n'aurait pas vu frapper de monnaies mérovingiennes, le nombre des ateliers monétaires du Poitou à cette époque n'en a pas moins

---

(1) Voultegon, canton d'Argenton-le-Château, arrondissement de Bressuire Deux-Sèvres).

été considérable. Cette partie de la collection de M. de Ponton d'Amécourt en donne une nouvelle preuve. Encore ne contenait-elle pas des espèces provenant de tous les ateliers mérovingiens du Poitou. Certains en effet d'une production rarissime, tels que Saint-Maixent, n'y figuraient pas, et se trouvent au contraire dans la première partie de cette collection préalablement acquise par la Bibliothèque Nationale. Le catalogue annoncé plus haut donnera bientôt le tableau complet des innombrables ateliers mérovingiens actuellement connus par des monnaies.

Nous avons déjà dit que cette multiplicité d'ateliers monétaires était un des traits caractéristiques du monnayage mérovingien.

Il est facile d'en expliquer les causes. Le fait administratif du monnayage dispersé ou concentré est en harmonie avec l'état social du pays à toutes les périodes de notre histoire. Il est une conséquence de la situation politique et de la situation économique d'une nation.

Si l'on voulait se figurer les ateliers monétaires de cette époque reculée de notre histoire nationale, sur les données d'une visite de nos jours à la monnaie de Paris, où même, avant qu'elle ne fût notre unique atelier monétaire, dans un des derniers ateliers qui aient fonctionné en province, on ne pourrait comprendre cette multiplicité des localités où l'on a frappé monnaie pendant la période mérovingienne. C'est qu'en effet alors tout ce puissant outillage, faisant d'un atelier monétaire une véritable usine métallurgique, munie de tous les perfectionnements, et permettant à un seul atelier de pourvoir surabondamment à tous les besoins monétaires d'un grand pays, de ses colonies, et même à ceux d'autres États, tout cela n'existait ni ne pouvait exister.

On en était revenu à une condition voisine de l'enfance de l'art monétaire, avec un outillage peu compliqué, facilement transportable de villa en villa, ambulant comme les monétaires, comme la souveraineté, et se multipliant aisément avec elle.

Deux forces, à travers les âges, et au milieu d'obstacles et de vicissitudes que le régime féodal devait pousser à l'extrême, ont successivement réduit les ateliers monétaires : la première est une force politique, celle qui a fait l'unité politique et administrative de la France ; l'autre est une force d'ordre économique chaque jour accrue par les progrès de la science et de la civilisation.

Au point de départ, on trouve la multiplicité des ateliers monétaires, avec une souveraineté disséminée et des moyens de production industrielle primitifs. Au moyen-âge on les compte par milliers. Avec l'ordonnance de François Ier du 14 janvier 1539, il n'y en a plus que 24. Le nombre s'en augmente, mais avec les provinces de la France. Il y en a 30 encore au moment de la Révolution Française. Mais au XIXe siècle, les progrès de la science et de l'industrie démontrent bientôt leur surabondance; ils sont successivement réduits à 16 en l'an XI, à 7 en 1837, puis à 3, et enfin depuis 1879 à l'unique atelier de Paris.

Ce mouvement de simplification successive dans le sens de la réduction des ateliers monétaires, et même de leur unité, ne s'est pas seulement produit dans l'histoire monétaire de la France. Le même phénomène se rencontre dans tous les grands États, où la souveraineté s'est concentrée, et où la civilisation a transformé les conditions de la production monétaire.

De tous les services publics, celui de la fabrication des espèces monnayées est un de ceux qui, dans le passé, aux diverses périodes de l'histoire, comme dans le présent, portent la plus vive empreinte de la situation économique, sociale et politique d'une nation.

Les débris eux-mêmes de l'admirable collection de monnaies mérovingiennes de M. le vicomte de Ponton d'Amécourt sont précieux. Son ensemble mérite de rester dans la mémoire des hommes, comme le magnifique résultat d'un généreux effort, présentant le saisissant tableau de l'état économique et social de notre pays à cette époque lointaine. Le Cabinet de France, qui a si bien profité de l'occasion unique de nous le conserver, est chaque jour davantage, avec la Bibliothèque Nationale dont il fait partie, ce patrimoine de gloire intellectuelle et de richesse historique, auquel il serait inouï et révoltant de ne pas appliquer les mesures protectrices de la loi du 30 mars 1887, *sur la conservation des monuments et objets mobiliers présentant un intérêt national au point de vue de l'histoire* ou *de l'art.*

Extrait des *Bulletins de la Société des Antiquaires de l'Ouest.*
(2ᵉ trimestre 1890.)

Original en couleur
NF Z 43-120-8

www.ingramcontent.com/pod-product-compliance
Lightning Source LLC
Chambersburg PA
CBHW071432060426
42450CB00009BA/2140